我是照顧者

成為照顧者篇

米奧——著

第 1 章

致 親愛的照顧者

照顧者…
就像是被關在
透明的悲傷盒子裡。

就算有一天
終於能離開照顧現場，
盒子卻還是關上的…

鑰匙在哪裡？
沒有人知道。

不過…

某一天，
我終於想起來
我會畫漫畫。

「死亡的真相，
是學校不會教我們的事。」

「如果最後
才從父母身上學到，
會痛不欲生。」

「照顧責任
分擔問題——」

姊！我餓了！
妳還不煮飯嗎？

……

「如果沒有
在父母還健康的時候
提早做準備和討論，
就一定會造成傷害。」

而且…
在刻畫著我和爸媽
之間的回憶時…

我覺得他們彷彿還活著，
還活在我的筆下…

就算只是
想像的也好…

就算只是
在筆和螢幕之間也好…

我想和爸媽在一起…

《我是照顧者》系列
是我對摯愛的父母
最後的告別。

有一天我畫完了，
盒子應該就會打開了…
我是這麼想的。

感謝給予這個系列
支持的你們，
謝謝大家陪伴著我…

也希望我能帶給大家
一點點微小的幫助。

謝謝你們。

我是照顧者

成為照顧者篇

Contents

第 2 章

為什麼是我？

誰是照顧者？

我是一名女性。

現代是一個對女性
相對友善的時代。

課本從小就教導我們，
女性能從事任何工作，
性別是平權的。

我是自由的，
無論何時，
我都可以追求
自己的夢想。

然而…
從來沒有人告訴我
一件非常重要的事。

那就是…

女性的自由是有期限的。

在過了某個年齡之後，
我們將理所當然地成為
家中長者的照顧者。

不知不覺間，
我的照顧經歷
也有12年了。

而照顧者的處境
就像是…

被關在一個
透明的盒子裡。

外面明明陽光普照…

卻看不到一絲光亮。

陽光明明應該很溫暖…

卻依然覺得寒冷。

因為…
無論照顧者再怎麼努力，
情況通常都很難以好轉。
親人的生命一天天枯萎…
最終走向死亡。

這是一趟註定徒勞無功、
遍體鱗傷的旅程。

而我……

是如何變成
一名照顧者的？

我生長在一個
幸福的家。

我是家裡的老么，
成長過程中爸媽十分疼愛我，
我當然也非常愛我的家人。

然而……
12年前，突發狀況來臨！
「癌症」造訪了我家。

我的媽媽得到了肺癌，
治療過程必須有人照顧，
於是我便成為她的主要照顧者。

「為什麼是我？」

其實你衡量一下
就知道了——

還記得我前面說的
「女性的自由是有期限的」
這句話嗎？

我的姊姊在結婚生子後，
便成為了「家的照顧者」。

根據統計，
女性必須負擔比男性
至少多30%的家事，
須負大部分照顧公婆責任，
須負大部分照顧幼子責任，
還需要工作分擔家計。

我怎麼忍心再增加姊姊的負擔？

我那時候還是單身，
並且是自由接案者。
無論怎麼衡量，
我都是比較有能力
接下擔子的那一個。

啊，對了，
至於我的哥哥們…

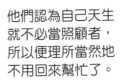

他們認為自己天生
就不必當照顧者，
所以便理所當然地
不用回來幫忙了。

於是，
我展開了
我的照顧者旅程。
我帶著媽媽
離開鄉下，
到新加坡的醫院
治療癌症。
由於媽媽的腫瘤太大，
必須先以電療縮小，
才有辦法進行手術。
為了方便往返，
我們得在醫院附近
住一段時間。
很幸運的，
我的阿姨就住在那裡，
因此我跟媽媽就
借住在阿姨家。
出發前，
親戚鄰居都說…
太好了！
生活起居有阿姨幫忙，
你只要把媽媽照顧好，
很輕鬆的啦！
我也以為我可以做好。
但是照顧者有個最大的難題，
卻沒有人告訴我——
媽，晚安。
晚安。

媽，
要喝點熱水嗎？

喝了還是會咳，
沒用的…
沒關係，你快點睡吧，
明天還要帶我去醫院…

睡…

…睡不著啊…

照顧者最大的難題
是失眠。

當摯愛的親人
在一旁受苦時，
沒人能睡得著。

這是親情的本能。

年輕的時候，
我們都曾把熬夜、爆肝
這類的話掛在嘴邊，
覺得好玩又帥氣。

但是，
你曾熬夜幾天呢？
一天？三天？
還是一星期？

照顧者會持續失眠、淺眠好幾個月，
而且這樣缺乏睡眠的地獄永無止境，
永遠看不到盡頭。

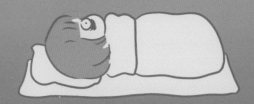

我的媽媽
在開始電療之後…
變得更衰弱了。

她再也不能久站，
只能以輪椅代步。

沒關係的，媽媽！
我會成為妳的腳！

我會帶妳到任何
妳想去的地方！

後來媽媽
甚至沒有力氣
自己洗澡。

沒關係的，媽媽！
我會成為妳的手！

我會幫妳維持尊嚴，
讓妳乾淨整齊！

接著又因為太過虛弱，
媽媽沒有胃口吃飯。

沒關係的，媽媽！
我來當妳的小廚師！

妳喜歡吃的，
我都會盡量做給妳
試吃看看！

自己隨便吃，
快速吃完…

入夜

媽，要去上廁所
或是需要什麼，
一定要叫我喔！
晚安！

嗯，
晚安！

我也是媽媽的小護士，
徹夜聽著媽媽的每一個呼吸，
深怕錯過她的需要…

我是媽媽的手、腳、
廚師、小護士、照顧者⋯

不過，我⋯

我自己⋯
到哪裡去了呢？
這⋯是我嗎？

我已經想不起來
以前那個自己了⋯
我的未來⋯
又會變成怎樣呢⋯？

第 3 章

壓垮照顧者的…

媽媽生病在檢查，
她竟然一點都不擔心，
還有閒情逸致睡覺！
真是不孝順啊…
現在的年輕人真是…

什麼？我…？
不孝順!?

我女兒就不會這樣！

幸好我兒子也不會！

話雖如此，
這個世界上總是會有
奇怪又八卦的陌生人，
特別喜歡往照顧者身上
丟下最後一根稻草。

除了莫名其妙的陌生人，
也有這種不知哪裡來的長輩。

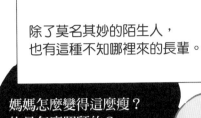

媽媽怎麼變得這麼瘦？
妳是怎麼照顧的？
妳沒好好地讓妳媽吃飯嗎？

冤枉啊⋯

媽媽是因為癌症
味覺改變才吃不下，
我已經盡量⋯

年輕人～
果然不牢靠啊～

我跟妳說，
我聽說有些特效藥
很不錯⋯

即使想解釋也沒用，
因為其實他們只想說
自己要說的。

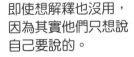

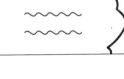

註：癌症並沒有特效藥，
　　請尋求正規醫療管道。

另外，
也有這種搞不清楚狀況的
家族友人們…

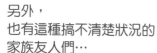

妳姊姊瘦了好多，
妳應該要幫忙分擔
照顧的責任啊！
年輕人就是不懂事…

主要照顧者就是我！
到底在說什麼啊!?

如果我敢強烈抗辯，
有很大的機率會被長輩們
貼上「沒家教」的標籤。

要是話傳到媽媽耳裡，
她一定會很難過。

所以我選擇沉默。

傷害到我這裡…
也就夠了。

可是，
其實一直以來…

我都很想對他們
說一句話…

你們真的這麼關心，
不如就來幫我守夜吧！
守個一晚也好！

然而，
事實已經驗證…

12年來會來陪我
守這漫漫長夜的…
只有我的親姊姊。

其他人，
從來沒有出現過。

不過…
最讓照顧者難過的
並不是來自外人，
或是遠親的指責…

以下以一位讀者的
親身經歷來說明。

這位讀者的弟弟
建立自己的家庭
之後…

爸！
我回來了！

便把年邁的父母
留給未婚的姊姊照顧，
自己偶爾才回來。

檢查～

嘖…

家裡太髒了吧！
姊姊妳都沒有打掃嗎？
爸爸住在這樣的環境，
病怎麼好得起來？

劈頭就罵

!!

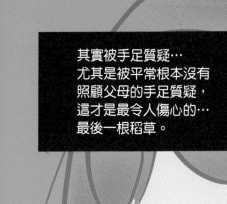

其實被手足質疑…
尤其是被平常根本沒有
照顧父母的手足質疑，
這才是最令人傷心的…
最後一根稻草。

越是親近的人，
往往傷害越深…

照顧者付出了自己所有…
時間、收入、自我，
甚至是健康……

最後竟然還要
被家人質疑…?!

妳到底有沒有
好好照顧爸爸?

親愛的，
你們的自由和快樂
來自於別人的犧牲！
難道你們真的不懂？

然而有的人雖然
年齡增長了，
心智卻未長大…
他們真的不懂。

姊！我餓了！
妳還不煮飯嗎？

……

又或者，
是他們故意選擇了
不要長大這條容易
的道路吧？

越是親近的人，
越能深深傷害你…

其實…
最後這種情況
對照顧者來說
才是最可怕的…

這是另一位讀者——
「妹妹」的經歷。

妹妹是一個大家庭的女兒，
上面還有三個哥哥。

雖然她已經結婚了，
但是看到父母老了，
哥哥們又不願同住照顧，
就每天回家照顧父母。

她蠟燭兩頭燒，
每天都精疲力盡…

不過為了爸媽，
她還是願意獨自一人
扛起照顧的責任。

後來就連鄰居和親戚
都在說她的閒話——

說她是虐待父母的女兒。

直到某一天，
她才明白這是為什麼…

兒子啊～
妹妹常常都欺負爸媽啊～
拜託你回來住好不好？

可、可是…
我的工作很忙…

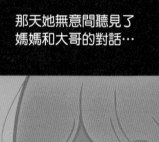

那天她無意間聽見了
媽媽和大哥的對話…

她終於發現對家人、
鄰居散布謠言的…
竟然是自己的媽媽！

目的是為了
騙取兒子們的同情心，
想要他們回家住…

妹妹…
終究還是外人！

嫁出去的女兒
就是潑出去的水！
只有你們三個才是
我的孩子啊！

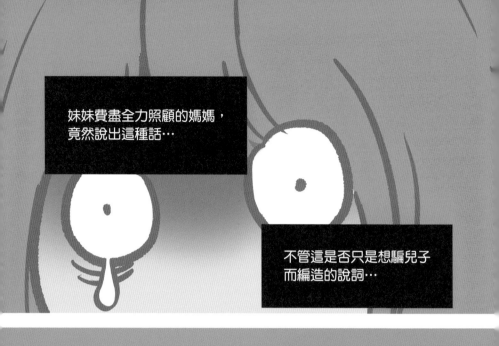

妹妹費盡全力照顧的媽媽，
竟然說出這種話…

不管這是否只是想騙兒子
而編造的說詞…

都深深地傷害了
妹妹的心。

在那之後…

妹妹為媽媽想了很多藉口，
想要說服自己原諒她…

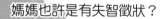

媽媽也許是有失智徵狀？

但經過醫院檢查之後，
媽媽雖然不良於行，
其餘部分沒有問題。

那麼…
也許是哥哥們
從中作梗？

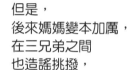

但是，
後來媽媽變本加厲，
在三兄弟之間
也造謠挑撥，

最後所有人終於了解
那些都是媽媽的謊言。

然而，這段期間的不和，
已經造成孩子們之間的裂痕…

永遠無法修復了…

後來…

妹妹就不去照顧
父母了嗎？

還是要去啊…
因為爸爸依然
溫暖而慈愛。

媽媽畢竟也老了，
或許只是因為孤獨
而有些心理問題…
所以不能拋下她。

妹妹最終還是
說服了自己。

犧牲自己…
成為照顧者…

即使知道自己
不被愛著…

…以上兩位照顧者
都是來自我的家鄉。

我的家鄉是一個
保守的傳統社會。

有很多人正壓迫著
自己家的女性而不自知…
尤其是同為女性的長輩…

不過，
「男尊女卑」這種
根深蒂固的觀念，
是從小就被大環境
所教育出來的…

不完全是
那些長輩的錯。

連續好幾個世代都是這樣，
就連我求學時都還聽過老師
說這樣的話…

男生只是
現在頑皮了點，
將來成就一定
會比女生高！

女生不需要太聰明，
將來在家當賢內助，
相夫教子就好了！

古聖賢都說了嘛——
女子無才便是德！

註：這是錯誤的古文引用。
但因為老師當時這麼說，
便依照原文引述。

不過後來…
大環境慢慢改變了，
是怎麼改變的呢？

我也認識了好幾個
靠著自己扭轉父母
觀念的女性。

這些女性有一個共同點，
她們都是家裡的長女…

她們，
都是姊姊。

我認識一個姊姊，
她其實只和弟弟
相差一歲。

但爸爸對待他們
卻有著天壤之別。

弟弟有成套的文具和玩具，
她什麼也沒有。

那個太貴了，
妳要體諒爸爸，
就用這個吧！

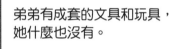

這是弟弟
用過的…

弟弟上次
也……

**妳是姊姊！
要當好榜樣！**

弟弟即使做錯事
也只會被輕輕責備，
她卻會被嚴厲指責。

她從小要幫忙做很多家事，其中一件事是照顧弟弟。

姊！給我一杯水！

為什麼不會自己倒？

打電動

連弟弟的叛逆期，她都必須負責。

是弟弟自己抽菸…

妳為什麼沒有看好自己的弟弟!?

她度過了被當成大人對待的童年……

幸好…

即便生長的土壤貧瘠不善…

有些人，
依然能夠靠自己成長為
茁壯的大樹！

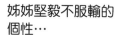

姊姊堅毅不服輸的
個性…

讓她成為
非常出色的大人，
並且也靠自己得到
很好的工作。

即使結婚之後，
碰到娘家有困難時，
她還是會回來幫忙。

她幫助弟弟、
照顧父母…
把自己忙成女超人。

「我不曾獲得無私的愛，
但我現在有能力了，
我自己能當那個無私的家人。」

這是她
倔強的想法。

………

還好弟弟長大之後
也變得成熟穩重，
學會體恤和敬重姊姊。

兩人一起照顧
年邁的父母，
彼此相互依靠。

但無論女性做得再多再好，
在保守的社會中，
姊姊還是常聽到一些令人難過的話⋯

譬如來串門子的鄰居，
就常常這麼說⋯

好希望兒子跟我住啊，
我只有女兒陪我一起住，
女兒有什麼用⋯

這樣⋯

鄰居又來了⋯
她女兒不是很照顧她嗎？
真是的⋯

不對喔！

姊姊真的沒有想到…
會有這麼一天，
能夠聽到自己的爸爸
說出這種話。

姊姊得到了一個溫暖的、
恢復健康關係的原生家庭。

她自己建立的家庭也很棒，
有著愛她的丈夫和小孩。

——一切都很美好…
這是一個有著完美結局的故事。

不過，
姊姊心中一定始終有句話
是想說卻又不忍心說的…

她們說不出口，
就讓我來說吧──

「其實…
我想要的是疼愛，
而不是敬愛。」

「為什麼您不能
在我最需要的時候…
從一開始就愛我呢？」

姊姊和妹妹
這兩段故事…

不管是後來
得到了愛的姊姊，
或永遠不被愛的
妹妹…

她們不計代價
為家人付出的行為，
看起來很傻…

但其實我都能理解。
因為……

照顧媽媽的某夜

翻來

覆去～

睡不著嗎？
我看妳最近好像
都睡不好的樣子…

呃…
沒有啊！

說到我的媽媽…

快來吃飯！
我煮了你們
愛吃的！

她就是個普通的
鄉下媽媽，
嗜好是過量餵食小孩。

但是，我媽有個
很特別的地方…

在這當中，
我們最喜歡的遊戲
是坦克大戰。

右邊A死！

安啦！
交給我吧！

我和媽媽可以
一直重複玩這個遊戲…
都不會感到厭煩。

我們一起度過了
許多快樂時光…

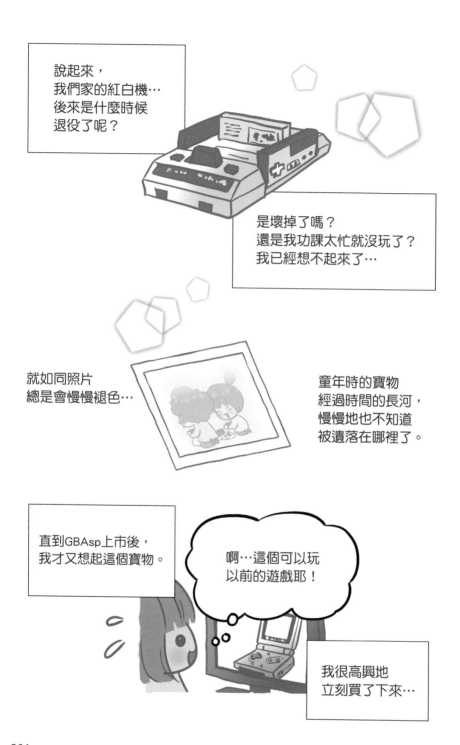

說起來，
我們家的紅白機⋯
後來是什麼時候
退役了呢？

是壞掉了嗎？
還是我功課太忙就沒玩了？
我已經想不起來了⋯

就如同照片
總是會慢慢褪色⋯

童年時的寶物
經過時間的長河，
慢慢地也不知道
被遺落在哪裡了。

直到GBAsp上市後，
我才又想起這個寶物。

啊⋯這個可以玩
以前的遊戲耶！

我很高興地
立刻買了下來⋯

電玩在某種程度上，
也支撐了媽媽的心吧…

面對著威脅生命的疾病、
痛苦又漫長的療程，
即使身體越來越衰弱…

她在我的面前
從來沒有哭過。

她總是給我許多許多
大大的笑臉。

媽媽真的是個
非常堅強的人。

我常常覺得
我在當照顧者的期間，
心沒有被悲傷摧毀掉，
就是因為她即便生病了
還是保護著我。

這次我成為照顧者，
也曾經有好心的朋友
問過我…

我家的哥哥姊姊那麼多，
為何我要獨力承擔這麼久？

除了之前說過的原因，
其實還有一個關鍵性的
因素……

欸！砲兵！
砲兵！

右邊坡度很斜耶！
妳推得上去嗎？

因為有些話語…
是我和媽媽之間的親密暗號，
只有我聽得懂媽媽在說什麼。

因為…

我和媽媽是
永遠的雙打搭檔。

因為我愛媽媽，
媽媽也愛我。

唯有死亡，
才能把我們分開…

幸好⋯⋯

媽媽在經過一場
十小時的大手術之後,
終於痊癒了!

我的媽媽救回來了!

媽媽的這場病…
是我人生中第一次
體驗到所謂的無常。

對我來說是極大的衝擊。

謝謝醫生、
護理師…
感謝神保佑！

事後回顧，
我想我有辦法撐過
這一段照顧者時光，
其實跟我從事的工作
有很大的關係——

我是一名漫畫家。

那個時候，
我會趁著空檔
在飛機上畫稿…

會在醫院的
候診走廊上
畫稿…

會在病房裡
畫稿…

甚至在手術室外
也在畫稿。

或許有人會問…
當照顧者已經夠辛苦了，
有時間為什麼不去休息，
為什麼還要工作？

因為只有在畫圖時，
我的注意力可以短暫離開
被死亡威脅壓迫的現場…

至少我的心靈是自由的。

創作跟演員的工作很像…

我可以從自己的情緒中抽離，
進入筆下角色的世界。

畫圖的時候，
我可以暫時停止哭泣。

當我傷心欲絕、
難過到不想要
再當自己時…

畫圖也拯救了我。

後來我看了許多照顧者相關的書，
才知道我這麼做剛好是對的。

照顧者一定要先照顧好自己，
想辦法保有自我、維持好心情，
才能讓自己和親人都開心地
走完照顧的漫漫長路。

我維持心情的方法，
就是畫畫。

不管是看書、追劇、
聽音樂、打電動或畫畫……
這些事情都很好喔！

照顧者們，
為自己的心找個避難所吧…

即使我們的身體無法自由，
至少要讓心靈保持自由…

媽媽…痊癒了！

她的身體一天一天好起來，
頭髮重新變得茂密，
體格也回到了健康時的樣子。

因為媽媽恢復了健康，
在照顧時期經歷的一切辛苦，
我都忘記了。

那一次的照顧之旅，
全都變成了正向的回憶。

我在旅程中也有
許多額外收穫。

我在全英文環境的
陌生國度新加坡，
帶媽媽走完全部療程
並恢復健康——

找路找食物
找醫生！

即使我的英文口說能力
不算太好，
還是可以成功溝通！

我確認了自己的能力，
也增添了自信。

而且我和媽媽一路上
患難與共後，

也消除了我青春期
以及外出念書時，
所造成的疏離。

我們重新變回了
童年時的親密母女。

我在這段旅程期間的作品，
也讓我得到了和馬來西亞
以及臺灣出版社合作的機會。

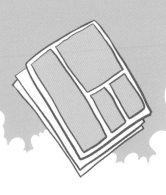

有好幾年的時間，
我的生活變得
既安心又平穩。

那個時候
我有健康的雙親、
也認識了許多新朋友、
我有夢想、有讀者…
每天一起床就可以專心畫圖。

現在回想起來，
那可能是我十幾年來
最幸福的時光了…

但是…！

生命中總是有許多不受歡迎的轉折…

原來…
之前我經歷的那些痛苦
只是一碟小菜而已？

這一次…
才真的是「地獄」…

不好了！
妳快回家！

有時候，
我真的覺得我的人生
簡直就像是那種充滿
惡劣趣味的戲劇——

癌症又找上我們家了。

是的，又是癌症。
而且這次不是媽媽復發···

癌症找上了我的爸爸。

他得了胰臟癌，
最凶險的一種癌症。

他在半年內，
以最痛苦的方式失去了性命。

也造成我心中
永遠難以抹滅的傷痛。

我的爸爸…

從我有記憶以來，
就一直是個滿面笑容的
溫暖爸爸。

寶貝！
來抱抱！

身材胖胖的、
手臂強壯、
笑聲爽朗、
溫和敦厚。

在我小的時候，
比起媽媽，
其實我跟爸爸更親密。

媽媽忙碌家事時，
爸爸就負責抱著我
到處走走逛逛。

這就是我爸爸。

第 4 章

再次成為照顧者

我的爸爸…  是1939年出生的男性。

他的童年歷經過
英國殖民時期，
和二戰日軍入侵時期。

可想而知，
這樣的童年是
非常辛苦的。

那個年代出生的男性…
普遍都被時代養成了
堅韌的人格。

絕不訴苦，
是他們的特性。

但是…
爸爸的「絕不訴苦」
卻變成他的致命傷。

胰臟癌的病徵並不明顯，
一開始僅出現便祕及腹痛
這類的症狀。

他不說，
家人也很難觀察出來。

除此之外，
戰爭年代出生的男性，
還有另一個特徵…

他們十分節儉，
並且過度相信報紙
以及新聞媒體。

爸爸看了報紙上
用草藥治療便祕的資訊，
就覺得自己可以治療好，
不需要花錢看醫生。

於是，
他的病情就這樣
被延誤了…

等到他糞便有血、
食不下嚥、
腹痛加劇、
體重大幅減輕時，

到醫院檢查
才發現已經是
胰臟癌末期，
來不及了…

後來…
爸爸開始了一連串痛苦的療程…

姊姊和我都請了假，
輪流帶他去看醫生、
照顧他。

但上班族的假
畢竟有限。

其實當初照顧媽媽時，
我是名自由接案者。

我在時間安排上
的確有些餘裕，
頂多都不接案子，
零收入就是了。

於是，
最後又只剩下
我一個人了…

但爸爸生病時，
我已經是一名
連載漫畫家…

一般人可能不太了解…
其實這是非常勞累的職業。

平常我一天工作十幾個小時，
每當截稿日來臨前，
還是得連續熬夜好幾天。

現在要一邊照顧爸爸…
一邊工作？

老實說這根本就是
慢性自殺的行為。

而且也絕對無法達成
我必須完成的工作量，
我一路辛苦累積的事業
也會嚴重被影響。

可是…
沒有人像我這樣
可以在病床旁邊
工作。

媽，
我要大學費

姊姊家裡還有幼子
嗷嗷待哺，
難道要她丟了飯碗？

我非常愛我的家人，
我願意犧牲自己保護他們。

嗯？
我的哥哥們嗎？
這一次他們當然
也是……

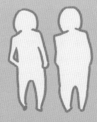

不見人影，
沒有出現。

其實我一直覺得
自己照顧生病的爸媽
是應該的。

我是家中最小的孩子，
在成長的過程中，
家人們給我很多的愛和照顧，
我想要回報他們。

但這樣的想法，
在那一天…
被動搖了。

某天大哥終於回家
探望爸爸。

我回來了！

好吧，
我之前說哥哥們不見人影
確實有點不盡公平，
他們也曾來探望過。

大哥回來了，
太好了…

有他陪爸爸，
我可以休息
一下了…

那時候已經是
爸爸生病的末期了，
我也非常疲倦，
體力幾乎見底…

姊姊每次回家，
都會馬上接手
照顧的工作，
讓我有時間休息。

因為她了解
主要照顧者
總是缺乏睡眠，
也很心疼妹妹。

但是…

妳快起來
去幫忙爸爸！
他要上廁所！

哥…
你為什麼這樣對我？

當下我雖然生氣，
但沒有特別多說什麼，
因為爸爸比較要緊，
必須趕快幫忙爸爸。

喂——
為什麼沒人來幫我？

你們…
你們是不是
都不要我了？
嗚嗚嗚…

我心想或許哥哥是因為
第一次回家探望爸爸，
看到爸爸現在的狀況，
被嚇到了吧…

好吧…
一年365天，
每年回家不到
7天的人…

對他抱有期待，
是我太過天真了嗎!?

我真的不懂…
我的爸媽非常疼愛孩子。

從我和姊姊
拚命回來照顧他們，
足以證明此事。

我們都是因為愛，
才會努力照顧爸媽。

大哥是爸媽的
第一個孩子…

爸媽當年想必
更加更加愛你，
但為什麼…？

謝謝你!我們一起度過!

結果，
爸爸從確診到死亡，
大哥只回來過三次。

第三次是在葬禮，
擔任儀式的長男孝子。

那一次是他待在家最長的一次了。

被動搖的親情 ②

我的大哥…
比我大11歲。

其實我必須說…

在我的國家，
那個年紀的華人男性，
大多都是這個德行…

← 眼看手不動

比我大 5 歲的小哥…
就稍微好一點。

一起去吃
印度餐♡

最重要的是，
小哥第一次回家探望爸爸，
遇到爸爸要上廁所時…

爸，
我來扶你，
小心！

爸媽還健康的時候，
他就經常參與家裡的事務，
還會幫忙負擔家裡費用，
和姊妹的感情也比較好。

小哥會主動照顧爸爸！
他會幫我分擔照顧工作！

我還記得那個時候
我真的好高興…

但是…

到了晚上…
小哥還是上樓睡覺了，
把最艱難的守夜工作，
留給我一個人…

小哥的理由
是這樣的…

我有帶著工作回來，
明天還要在家工作，
所以要先睡了。

我也是帶著工作回來的…
難道──

你的工作重要，
我的工作就不重要嗎？

而且，
小哥經常出去
跟朋友聚會…

我出去一下，
家裡交給妳囉！

工作真的有那麼忙嗎？

你只回家三天，
我是長期在家照顧，
為什麼不可以幫忙輪值
幾個晚上的照顧工作？

老實說…
我非常渴望在晚上睡覺，
我已經快撐不下去了…

為什麼…
每次都是我
必須犧牲呢？

為什麼男性能夠
理所當然地…

覺得有出力就夠了，
覺得自己很好了…

卻把最困難的工作，
留給自己的姊妹呢？

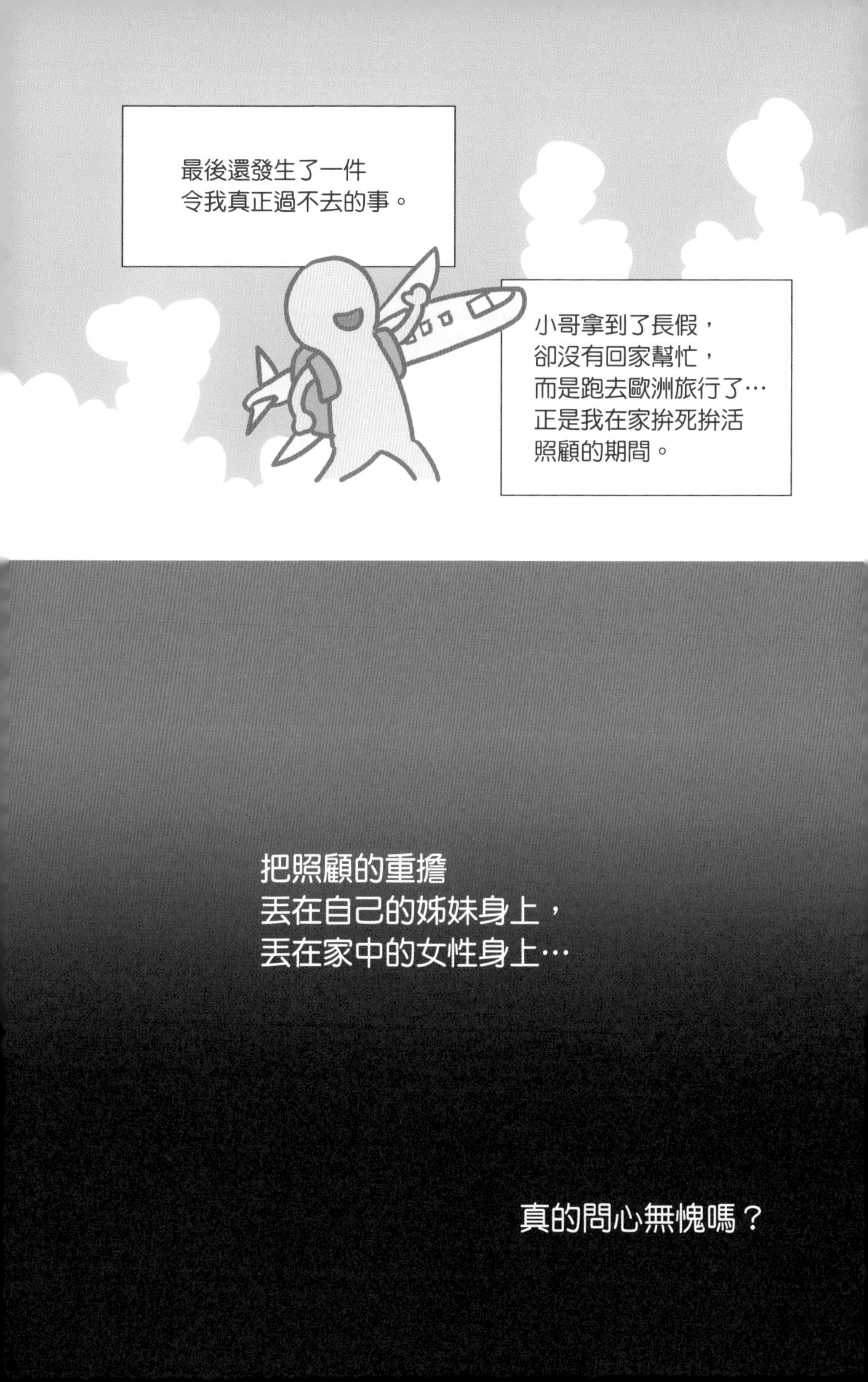

最後還發生了一件
令我真正過不去的事。

小哥拿到了長假，
卻沒有回家幫忙，
而是跑去歐洲旅行了…
正是我在家拚死拚活
照顧的期間。

把照顧的重擔
丟在自己的姊妹身上，
丟在家中的女性身上…

真的問心無愧嗎？

第 5 章

面對死亡

死亡的味道

也許有人想問，
哥哥們這個樣子…

媽媽為什麼不出來
主持公道呢？

可是，
我的媽媽並不是
會罵人的個性。

從小到大我不記得
她有罵過哪個孩子，
媽媽一直以來都是
溫柔地疼愛著我們。

而且，
她大概也沒有勇氣教訓
事業有成的成年男性…

但是，
媽媽把我的疲憊
都看在眼裡了。

今晚就由我
來照顧爸爸，
好嗎？

1939年生的女性，
從來不敢要求別人，
她能想到最好的方法就是
犧牲自己保護孩子…

……

不用啦！
媽媽！
我OK的！

其實…
媽媽動癌症手術時
切掉了四根肋骨和
一部分的肺臟。

她身體比以前差多了，
時不時就要躺下休息。

而且媽媽以前
當過我曾祖母、祖母
和外公外婆的照顧者。
她曾經如此辛苦…

媽媽是我
好不容易救回來的，
我才不要她受苦。

如果現在
我還要她照顧爸爸，
我還是人嗎!?

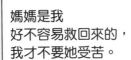

不過其實我當時
一點都不OK。

然而，
那時候我無論對誰…
就連對我的姊姊，
都不曾開口求救。

事後回顧，
我覺得我那時候
很有可能心裡面
已經生病了…

我被困在一個
哀傷又憤怒的
黑暗情緒裡，
完全無法動彈…

因為爸爸臨終的變化，
實在太可怕、
太可怕了…

我的爸爸…

哈哈ㄟ

本來是個體格壯碩、
笑聲宏亮又開朗的人。

但是…

在確診為癌症後，
他變了。

首先是身體上的變化。
因為癌症影響了味覺，
他什麼都吃不下…
尤其是肉類。

噁…

有的時候，
他會說他想吃什麼…
我和姊姊只要聽到就會
立刻衝到廚房去做，
或是出去外帶回來。

我好想吃那道菜…
好懷念那個味道…
那個我也許吃得下…

好！我馬上去做！
你等一下！

爸！
菜做好了！
快來吃！

好香…

嗚…

噁…

他的嗅覺很正常，
但食物入口之後
卻是噁心難耐、
完全無法下嚥。

即使醫生給他營養補充品，
爸爸還是吃不多，
而止吐藥也沒有用。

肚子餓卻無法進食，
一直被飢餓折磨…
直到死亡為止。

爸爸快速消瘦…
很快的就只剩下
皮包骨了。

這就是癌症。

身為照顧者的我，
只能眼睜睜看著這一切…
緩慢發生卻束手無策。

癌症末期…
病痛不只是折磨著病人，
對照顧者也是種凌遲。

而長期的營養不良，
對人體帶來的具體影響
是什麼？

從「喝水」
這個小小的動作
就看得出來。

一開始，
爸爸雖然長時間臥床…

但放在床頭櫃的
保溫水壺和水杯，
他隨時都可以
自己拿起來喝水，
就像是平常一樣。

但隨著他無法進食
一段時間之後…

他就沒有力氣
轉開水壺蓋了，
甚至也沒有力氣
坐起來拿水壺。

於是我們買了
附吸管的水壺，
放在枕邊。

讓他只要打開
一個小蓋子，
就能用吸管喝水。

讓爸爸靠自己
自由喝到水，
對他來說真的
非常重要…

因為他認為
如果連喝水
都要我們幫忙，
他的生命也確定
邁向終點了…

爸爸其實很想活下去…
他不願接受自己
正在走向死亡的現實…

然而…

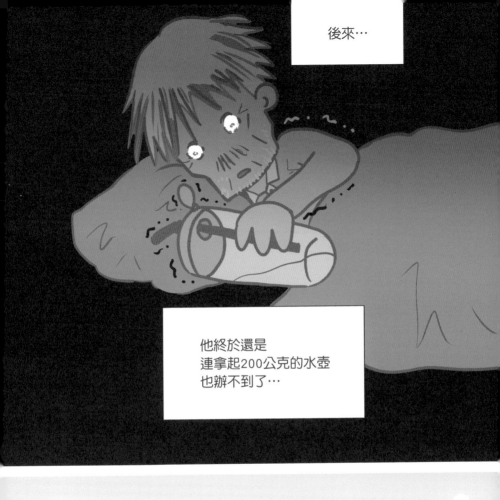

後來…

他終於還是
連拿起200公克的水壺
也辦不到了…

我還記得那個下午…

爸爸叫我進房間，
請我餵他喝水的那個下午…

113

爸爸的床
都被他掙扎著要喝水
而弄濕了⋯

空氣中有股沉滯
又潮濕的味道⋯

這就是死亡的味道。

爸爸在那天，
失去了身體的自主能力，
也失去了最後的希望…

越剪越短的吸管

我的爸爸，是家裡的大力士。

老公！我醬料罐打不開！

交給我吧！

爸爸，還有我的汽水…

POK!

他能把所有的東西都輕鬆轉開來。

他能扛起大家都扛不動的東西…

而且他還無所不能！

哇～

換瓦斯桶囉！

我來焊一扇新的鐵門！

但是…

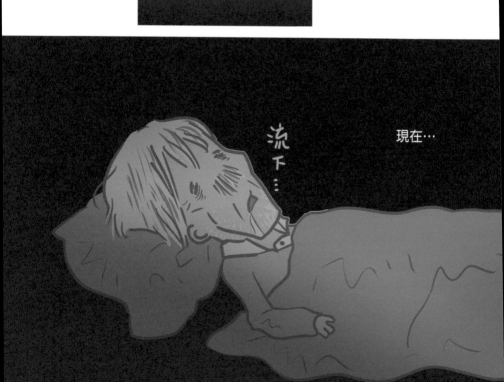

…不要了…
吃不下了…

好、好，
不要了…

現在我的超級英雄，
連吞固體食物也辦不到了…
只能用吸管吸營養品…

而且因為肺功能減弱，
必須將吸管剪短，
他才能吸到食物。

其實爸爸一直都是
我心中的支柱。

而現在，
我真的要失去他了⋯

第 6 章

照顧者的永夜

隨著病情加重…
爸爸的眼睛開始
變得畏光。

他無法忍受
任何一絲光線。

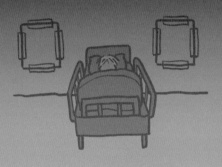

於是，
我們把他房間的窗
完全遮蓋了起來。

連房間外的走道
和客廳窗戶，
也全部封起來了。

整個家就這樣
進入了永夜。

123

身為照顧者的我，

也從這個時候開始，
被關進了黑暗之中。

差不多同一時期，
爸爸不希望我
待在他房裡，
他想要獨處。

於是我只能
在外面守候著。

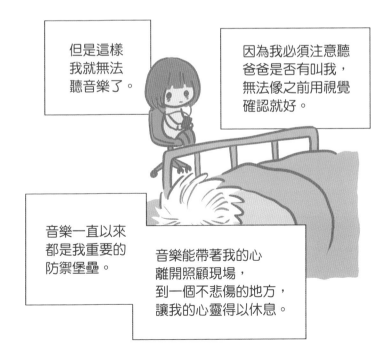

但是這樣
我就無法
聽音樂了。

因為我必須注意聽
爸爸是否有叫我，
無法像之前用視覺
確認就好。

音樂一直以來
都是我重要的
防禦堡壘。

音樂能帶著我的心
離開照顧現場，
到一個不悲傷的地方，
讓我的心靈得以休息。

但是現在堡壘沒有了…
陽光也沒有了…

就只剩下我孤單一人，
待在黑暗中…

爸爸現在連營養品的
進食量都越來越少，
也許時間已經不多了吧？

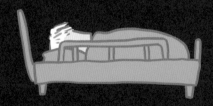

也許他會就這樣…
安安靜靜地在某個夜裡
就走了…

電視、電影都是
如此描述死亡的
不是嗎？

我也以為
會是這樣。

但真正可怕的事，
現在才要發生。

就在這深沉的
黑暗之中…

呃！
爸爸好重！
我撑不住！

啊啊！

爸…爸爸！
有沒有受傷？

喀…

後來我才了解…
這個症狀稱為譫妄。

要…

咦？
你要什麼？

臨終前，
因為病痛折磨、
營養失調，

病人的腦部認知功能下降，
會開始作著一個又一個
看似清醒的幻夢。

爸爸！
姊姊已經把孩子們
載回家了！
不用擔心！

要…
要去載…

我只好打電話
拜託姊姊一家
過來給爸爸看，
大家再一起把爸爸
抬回床上。

發生譫妄時，
無論你跟他說什麼，
他都聽不進去。

除非他能
親眼看到孩子們…

等到一切都安頓好之後，
我才發現自己的腳扭傷了…

只是…
爸爸的譫妄變得越來越嚴重，
我也無暇顧及自己了…

為什麼你忘記了

大約也是從爸爸譫妄那時開始，
我的身體出現了警訊。

我的呼吸道本來就不好，
在長期操勞之下，
過敏狀況變得更糟…

鼻竇整個發炎了，
連吸一口氣都變得
很艱難…

我時常頭昏眼花、
頭痛欲裂、
身體疲憊又沉重…

即使姊姊過來幫忙，
我也沒有辦法補眠…

因為睡一睡，
就會呼吸中止驚醒。

誰來救救我…

我實在是已經…
到極限了。

爸爸還需要我…

嗚…
啊啊啊!!!

嗚…啊…
走…走開!
你們…

爸爸!
怎麼了?

但是…

無論我再怎麼辛苦,
只要他一叫,
我就會跳起來去照顧他…

妳…為什麼…
讓這麼多怪人
進來家裡!?

你…
你們是誰?
走開!
滾出去!

爸爸在譫妄…
他時常對著空氣生氣。

在我的記憶中，
總是和藹慈愛地對待我、
捨不得罵我的爸爸⋯

已經完全⋯
變了一個人。

一直必來，
以爸爸的愛撐住最後一口氣的我，
也因此墜入了痛苦的深淵⋯

……

他把所有矛頭
都對準了我。

我不能怪爸爸…

吃藥時間

我不要吃！

爸，
止痛藥一定要吃！
不然等一下你會
很不舒服…

我就是不要吃！
我要去死！
我要去死！

爸爸正在經歷
人生中最可怕的事——
失去自己的生命。

——一陣子後——

好痛！
好痛！

我是個成年人了，
在社會上打滾這麼多年…

但是…
現在不是別人，

是我的爸爸…
是我最摯愛的爸爸

早就學會忽略
別人不合理的指責
或是負面的影響。

他說的任何話，
我很自然地…

全部都聽進去了。

爸爸…

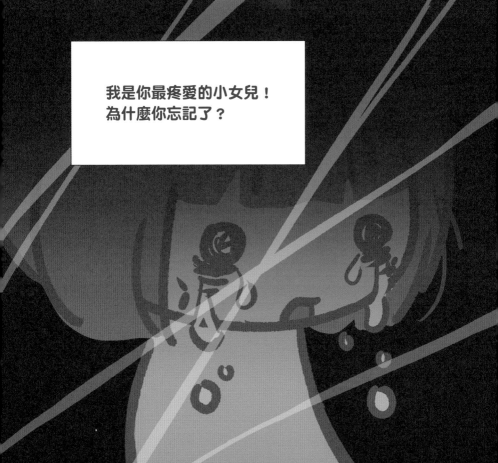

我是你最疼愛的小女兒！
為什麼你忘記了？

痛苦的深淵

爸爸的譫妄
時好時壞。

他清醒時，
則多半沉默。

他譫妄時會謾罵我⋯
或是發出像受傷的野獸般⋯
無意義的嚎叫聲。

我總是很想問他⋯
爸爸⋯
你還記得我嗎？

但我也沉默了。

除了做好照顧工作，
我什麼也不問，
也不跟他說任何話了。

我身體的不舒服、
心裡的傷⋯
已經讓我無力做任何嘗試。

後來的日子…

爸爸越來越不舒服，
一直覺得很熱，
我們便把全家的冷氣
都開到最強、最低溫。

即使這樣，
他還是覺得熱。

我還記得
那一天的黃昏…

來幫忙的姊姊有事提早走了，
我才剛洗完澡，
還沒來得及吹乾頭髮，
就被叫下樓照顧爸爸。

我一個人…
呆坐在走廊上。

冷氣好冷…
吹著我的濕頭髮，
讓我的頭好痛，
呼吸也更困難了。

我想去把頭髮吹乾。
但要是我離開的時候
爸爸叫我的話…
我會被罵。

算了吧，
不管我有沒有
第一時間回應，
都會被罵啊…

就離開一下吧…
可是…

天色…
一點一點變暗了。

本來就昏暗的家，
陷入了更深更深的
黑暗之中。

而我完全動彈不得…
就像被一條無形的鎖鏈
制約了一般。

如果真有地獄⋯
我想我已經身處在
其中一個地獄了。

悲傷、恐懼、疼痛⋯
吞噬了爸爸，
也吞噬了我。

沒有任何人
能從這裡逃出。

就連風中的小蟲子，
看起來…
也比我們自由和幸福。

那一段日子，
我是怎麼度過的…？

現在無論我怎麼想，
也想不起來了。

感覺渾渾噩噩…
模模糊糊的…

我把自己包裹在
一團黑色泥沼裡…

之後…
我記得的是…

我看到了，
但我也看不到。

我聽到了，
但我也聽不到。

爸爸向我們索取了
他的錢包和證件。

他醒著時，
會把錢和證件
抱在懷裡反覆地看。

也許這樣會讓他
感覺比較安全。

以前…
爸爸在戰後蕭條的年代，
為了要存活下來，
曾過得非常辛苦。

「好想活下去。」

或許是因為這樣，
「有錢就能活命」的印象，
深深地烙印在他的心中。

我知道，
爸爸正無聲地
吶喊著。

我明白爸爸這麼做的緣由，
卻也忍不住感到悲哀…

因為有時他看起來
實在很像地獄圖裡
受到刑罰的孤魂…

而且…
就因為這個錢包…

後來還觸發了
「那個事件」…

那天•••

一如往常
是個呼吸困難、
頭痛欲裂•••

並且包裹著黑色泥沼
來保護自己的•••
「毫無感覺」的一天。

我以為我可以就這樣•••
無感直到最後了。

畢竟爸爸罵來罵去
也就是那些,
我已經聽習慣了。

喂——!
喂——!

但是,那天•••

爸爸叫我的語氣,
似乎特別地氣急敗壞•••

爸爸,
怎麼了?

我的錢包•••
我的錢包•••

……

那個時候
我才知道…

原來人的心
在破碎之後…

竟然還能繼續被絞碎成
千千萬萬個碎屑…

我已經分不清楚…
爸爸是因為譫妄而這麼說，
還是在爸爸的潛意識中，
本來就是這麼看待我的…

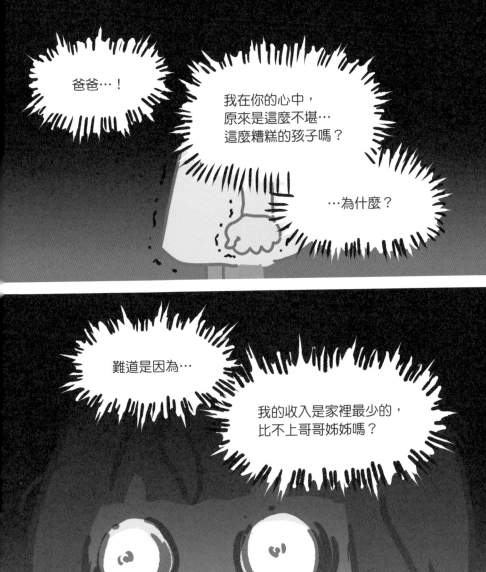

爸爸…
像是清醒了。

他的雙眼從混濁變得清澈，
恢復成以前慈愛的眼神…

啊！

爸爸…

但是，
在轉瞬之間，
他又變了…

再度一臉嫌惡、
憤恨地看著我。

無法再照顧這樣的他了。

我真的沒有力氣⋯
再繼續下去了。

遙遠的誓言

在那之後…

我已經請好假了！
換我來照顧爸爸，
妳先回臺灣的家吧！

姊姊突然這麼說。

妳很累了吧？

咦…可是…
我可以的…

雖然我
為了姊姊著想，
總是這麼說…

但是，
即便我還想逞強…

現在光是看外表，
誰都能看出
我已經不行了。

沒關係的，
妳回去吧！

……是嗎？
我終於可以…
回自己的家了嗎？

那天晚上訂完機票後，
爸爸就交給姊姊了。

我終於可以上樓，
在晚上好好地睡個覺。

隱隱約約地…

我作了一個好長…

好長的夢…

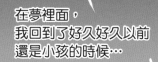

在夢裡面，
我回到了好久好久以前
還是小孩的時候…

對了…！
我好像又忘記帶英文作業了！

那個年代的老師很可怕…

慘了！
老師一定會用粗藤條打我！

她會打小腿…
還會打手心、手背、手指！

有些老師甚至可以說是變態。

公共電話亭的年代 ←

超人！
superpapa！

有收到我的呼叫嗎？
我忘了帶英文作業簿！
快來救我！

我去上課了！
爸爸拜拜！

拜拜…

爸爸…

將來有一天… 我會實現我的承諾…

現在…

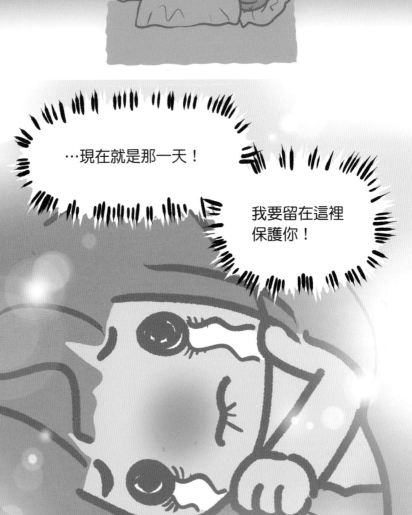

…現在就是那一天！

我要留在這裡
保護你！

其實爸爸的體力
正不斷下滑，

最近，
連譫妄的次數
也變少了…

如果我這次離開，
路途如此遙遠，
恐怕就是永別…

…我不要
這樣的離別！

至少不要在這種情況下
帶著傷痛和遺憾分開…

於是，
我改了機票，
留了下來。

我決定調整身體
以及心情之後，
和姊姊一起繼續
守這漫漫長夜…

因為…

我從來沒有忘記…

爸爸愛我，
我也愛他⋯

第 7 章

好好照顧自己

調整戰鬥姿勢

為了在接下來的日子，
能夠繼續陪伴爸爸…

我檢視了我目前
調整心情的方法──
繪畫、看書、看劇、
聽音樂…

我發現了一個盲點。

這些活動都
太靜態了。

長期關在家裡、缺乏運動，
我的身體變得
越來越沉重無力。

身體的不舒服會影響心靈，
當靜靜坐著不動的時候，
各種悲傷的念頭經常接踵而來。

所以！
試著活動身體看看吧！

現在姊姊也在，
我們可以一起做的活動是…

姊妹深蹲

這招很不錯唷！
不需任何道具就能
馬上開始的運動，

也不會發出很大的聲響
吵到病人。

做運動前，
記得先暖身拉筋。

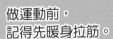
姊妹拱橋

姊妹tabata

各種tabata
也是很好的選擇。

姊妹貓式

瑜伽能放鬆身心，
也很推薦給大家。

媽媽也默默地做起甩手功。

透過運動感受到身體的存在後，
我才想起了…
「『我』是活著的」這件事。

身為照顧者，
看著病人日漸衰弱邁向死亡，
常常會因為悲傷和無力，
而忘記了「自己」。

其實我還有力量…

將來我還有能力
為自己做很多事。

我不會認輸的！

其實只要是
心情不好，
這招都適用。

運動，
永遠是重新
找回自我的
第一步。

除了運動外，
另外推薦一個
很有用的活動
給大家。

姊妹沙龍

整理外表,
讓自己看起來舒服
其實很重要。

人的心,
其實很簡單。

只要有仔細打理過自己,
便會產生某種「準備好了」
的儀式感。

我把自己準備好了!

以「先把自己照顧好」的
這個力量為基礎…

我們才有辦法
繼續走下去。

……

媽媽也默默展開了重建！

最後再分享一個
我在照顧者期間
保護自己的方法。

這大概是身為資深阿宅
才會想到的方法！

那就是——

任務筆記本！

把照顧自己的任務
全部都寫下來，
像遊戲中的勇者一樣，
每天努力完成任務吧！

我每天的任務其實
只有這樣而已。

1.好好睡覺 ☑
2.好好吃飯 ☐
3.打理自己 ☐
4.做一件讓自己開心的事：
　　運動/看劇/畫圖···
　　　☐　　☐　　☑

這些任務
看似非常簡單···

但是照顧者往往
連這點身為人的
最簡單需求···
都難以做到。

當心靈疲累又悲傷的時候，
人會陷入無法動彈的泥沼中，
不想為自己做任何事。

但是在這個時候，
更要強迫自己動起來，
去完成任務！

因為在原地打轉，
一切都不會改變，
還會越來越悲傷。

就像被關在密閉的小房間裡，
封閉久了，空氣越來越混濁，
人也就越來越無力。

只有動起來打開門窗，
讓新的事物進來，
才有辦法轉移注意力⋯

想起自己除了悲傷之外，
仍然有能力照顧自己。

所以動起來吧！
做運動…
做什麼都好…

就是不要安靜不動！

因為疼愛我的人
已經不久於人世…

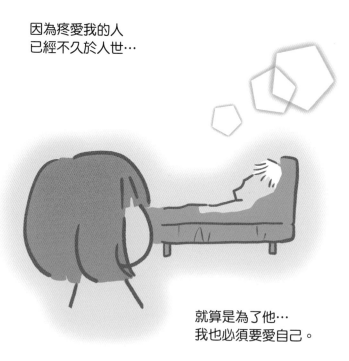

就算是為了他…
我也必須要愛自己。

他一定也希望我
這麼做的。

就在我成功地
調整了自己的期間，
爸爸的病程進入了
新的階段——

他睡眠的時間變得很長，
即使清醒時也無法再說出
能讓人聽懂的話了。

離別的日子即將到來…

爸爸即將離開了⋯

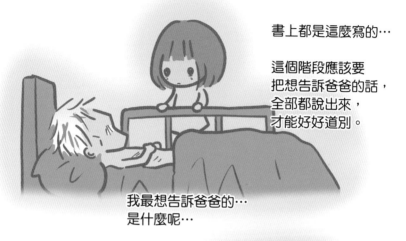

書上都是這麼寫的⋯

這個階段應該要
把想告訴爸爸的話，
全部都說出來，
才能好好道別。

我最想告訴爸爸的⋯
是什麼呢⋯

「爸爸，我愛你。」

想來想去，
其實我只想說這句話。

但是⋯
我卻始終沒說出口。

雖然我前面的篇章中
時常寫出爸爸愛我，
我也愛他之類的語句⋯

但現實中的華人傳統家庭，
直接開口表達愛…？

沒有這種事喔！

我們家就沒有這個習慣。

「愛」埋藏在
各種關心的舉動之中，
就是不從口中說出。

天氣很冷，
妳多穿件外套吧！

我的爸媽也不曾說過愛我。

再加上…
爸爸和小時候的我
雖然很親密…

但經過青春期的尷尬、
成年後獨自在外生活，
我們早已變得生疏、鮮少互動。

還記得…

爸爸最近好嗎？

喔，
我很好！

……

每次我從遠方
打電話回家報平安時，
如果接電話的是爸爸，
我們都不知該聊什麼…

彼此問候完就沒話題了…

爸爸總是尷尬地把電話
轉交給媽媽…
讓媽媽跟我聊天。

「爸爸⋯對不起⋯」

「如果我是個口才更好的孩子，
那些年就能跟你多說一些話了⋯」

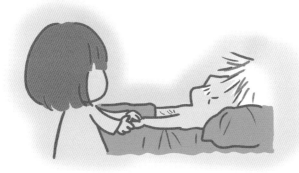

「爸爸…
對不起…」

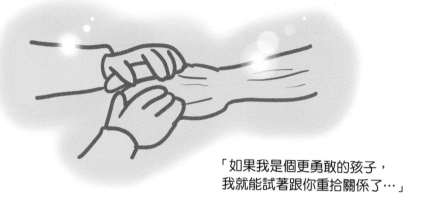

「如果我是個更勇敢的孩子，
我就能試著跟你重拾關係了…」

「爸爸…
對不起…」

「這些話…
當初在病床邊的時候，
我都說不出口…」

「我一直以為
我還有很多機會，
我們還有很多時間…」

「我愛你！」

「希望在天上的你，
　能看到我為你畫的漫畫…」

第 8 章

與摯愛親人說再見

離別

爸爸…

在一個陽光燦爛的下午，
離開了。

那個時候是
姊姊在值班。

姊姊告訴我，
爸爸平靜地離開了，
她緊握著爸爸的手，
直到最後一刻。

爸爸離開之後，
姊姊才到樓上叫醒
正在補眠的我。

她剛才
不敢離開爸爸身邊，
所以沒有來叫我。

但是爸爸已經走了。

照顧爸爸最久的我…
在爸爸離開的最後一刻，
我竟然不在他身邊…

有一天再見

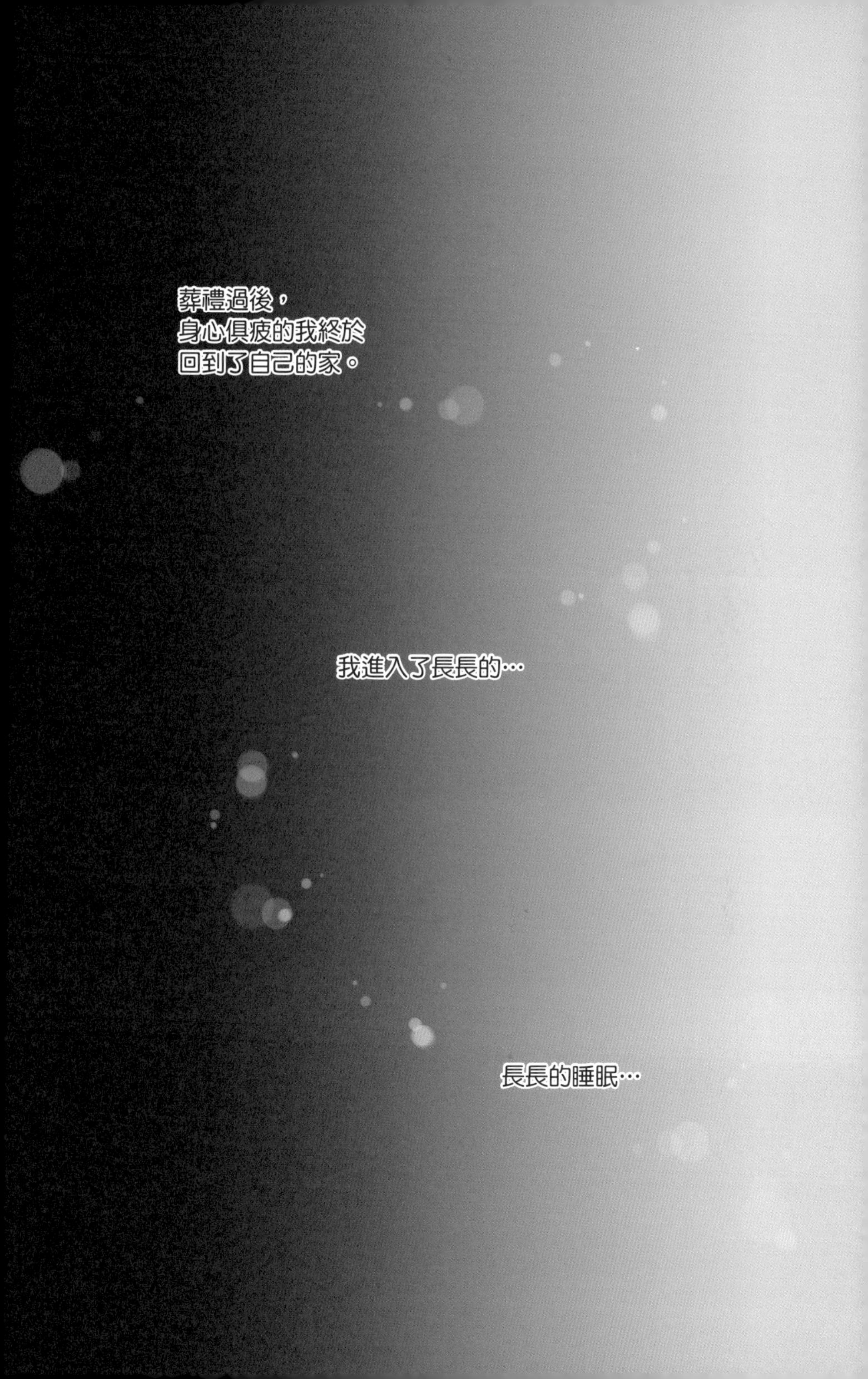

葬禮過後，
身心俱疲的我終於
回到了自己的家。

我進入了長長的⋯

長長的睡眠⋯

啊⋯
今天天氣真好呢！

夢中的爸爸，
再也不是骨瘦如柴的病人了…

爸爸再度恢復成了
他健康時的模樣。

他忙上忙下、魁梧有力…

是我最喜歡的爸爸…
這才是爸爸本來的樣子…！

我、我有好多話
想跟爸爸說！
我好想擁抱爸爸！

只是在夢中，
我沒有辦法控制自己，
爸爸好像也看不見我…

我只能看著爸爸施工，
一如小時候我看著他在家弄東弄西。

但只要能和爸爸在一起就好…
能在一起就好了啊…

就這樣，
在夢中的時間
靜靜地流逝了…

即便再怎麼不捨，
我知道我將要離開
這個夢境了…

不過，
就在醒來前的最後一刻，
我突然領悟到…

將來有一天…
要是輪到我離開世界了…

也許這裡⋯
就是我的靈魂
最早到達的地方。

因為這裡⋯
有我的爸爸。

他正在為我們張羅一個
最終團聚的家。
一如他數十年來所做的一般。

爸爸…！

到那個時候，
我一定會緊緊擁抱你…

並大聲地告訴你，
我愛你！

終有一天，
我們一定會再見面的！

後記

感謝大家的閱讀！
我終於把照顧爸爸的
〈臨終照顧篇〉畫完了！

這是長久以來
一直埋藏在我心底的
惡夢…

我在網路連載時甚至還曾經告訴讀者——

〈臨終照顧篇〉很可怕很沉重！不要看！

對吧？是不是真的很可怕？

不過…

其實通過畫筆，我已經把內容都柔化和省略了。

真正的現場…比我畫的還要可怕一百倍。

只有親身當過照顧者的人，才有辦法明白…

「原來人類失去生命的過程，如此殘酷…」

爸爸正是用他的生命教導了我什麼是死亡…突然窺探了人生真相的我難以承受這個恐懼。

在爸爸逝世之後，有很長一段時間，我都要開著燈才睡得著。

因為黑暗，會讓我想起那些夜晚…

我也曾經想過，
就算了吧！

我應該要像個大人
把記憶埋藏起來，
把傷口交給時間治療。

但是把不好的東西
通通堆藏在心裡，
始終是有影響的…

如果連我都不正視
自己的傷口，
傷口又怎麼會好呢？

所以我決定
不再假裝我很好。

我受了傷是事實！
我必須要面對它！
畫圖就是我面對的
方法。

而且我一直記得…
在那段照顧者的日子裡
我有多無助和難受。

那個時候，
我經常在深夜裡
在網路上尋找著
「什麼」…

如果有「什麼」
能給我一點點安慰的話
就好了。

走過那一段之後
我才想到…

其實我自己可以成為
那個「什麼」。

我可以畫點東西，
點一盞小小的燈。

如果可以幫助到
還在暗夜裡的人…
能給大家一點點溫暖，
那樣的話就好了。

趁爸媽還健康時，召開家庭會議吧！提早安排長期照顧責任的分配。

就算我是大姊，也不該全部都由我扛！

爸爸，我愛你！

這孩子怎麼喝得這麼醉…真是的…

趁爸媽還在時，跟他們說「我愛你」吧！

就算藉酒裝瘋，也要說出來。

甚至是威脅爸媽定期做健康檢查。

你要是不去，以後我生病了，我也都要學你不去看醫生喔！

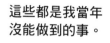

這些都是我當年
沒能做到的事。

所以跌下坑洞時
才會摔得那麼慘⋯

希望大家看了我的經驗後,
都能想出自己的解方,
那我就覺得很安慰了!

最後,非常感謝大家的閱讀!
也很感謝持續在FB支持我的你們!
因為大家對於作品的迴響,
讓我知道自己不是一個人⋯
希望我的作品也能讓大家不孤單!

不過我的照顧者旅程，
其實還有一段沒畫完喔！

下一段旅程，
是關於爸爸離開後，
媽媽日漸年老——

我和她相處、
照顧她臨終的故事。

之前爸爸的〈臨終照顧篇〉
是一段非常殘酷的回憶。

大家看完之後，
應該都覺得臨終和道別
非常可怕吧？

但其實不是⋯
不是每個人臨終時
都會那樣。

因為媽媽走的時候，
就完全不一樣。

可以先透露的是⋯

爸爸的臨終
傷害了我⋯

但媽媽的臨終拯救了我。

《照顧者》的下一段故事
是一段無比溫暖的回憶，
大家可以安心地閱讀！

我是照顧者

國家圖書館出版品預行編目(CIP)資料

我是照顧者/米奧作. -- 1版. -- [臺北市]: 城邦文化事業股份
有限公司尖端出版 : 英屬蓋曼群島商家庭傳媒股份有限
公司城邦分公司發行, 2022.06
　冊；　公分
　ISBN 978-626-316-832-9(上冊 : 平裝). --

1.CST: 老人養護 2.CST: 父母 3.CST: 照顧者

544.85　　　　　　　　　　　　　　　111004479

成為照顧者篇

我是照顧者

作　　　　　者	米奧	

執　行　　長　　陳君平
協　　　　理　　洪琇菁
資　深　主　編　羅怡芳
美　術　編　輯　陳又荻
國　際　版　權　黃令歡、梁名儀
公　關　宣　傳　楊玉如、施語宸

榮　譽　發　行　人　黃鎮隆
出　　　　版　　城邦文化事業股份有限公司 尖端出版
　　　　　　　　台北市中山區民生東路二段141號10樓
　　　　　　　　Tel:(02)2500-7600　Fax:(02)2500-1974
　　　　　　　　讀者服務信箱：marketing@spp.com.tw
發　　　　行　　英屬蓋曼群島商家庭傳媒股份有限公司
　　　　　　　　城邦分公司　尖端出版
　　　　　　　　台北市中山區民生東路二段141號10樓
　　　　　　　　Tel:(02)2500-7600　Fax:(02)2500-1974
　　　　　　　　劃撥戶名：英屬蓋曼群島商家庭傳媒（股）公司城邦分公司
　　　　　　　　劃撥帳號：50003021號　劃撥專線：(03)312-4212
　　　　　　　　※劃撥金額未滿500元，請加附掛號郵資50元
法　律　顧　問　王子文律師 元禾法律事務所 台北市羅斯福路三段37號15樓
北中部經銷　　楨彥有限公司
　　　　　　　　Tel:(02)8919-3369　Fax:(02)8914-5524
雲　嘉　經　銷　威信圖書有限公司 嘉義公司
　　　　　　　　Tel:(05)233-3852　Fax:(05)233-3863
南　部　經　銷　威信圖書有限公司 高雄公司
　　　　　　　　Tel:(07)373-0079　Fax:(07)373-0087

版　刷　版　次　2022年6月1版1刷